Livre 80 Recettes lights au Cookéo

ISBN : 9781700389190

TABLE DES MATIÈRES

Important

- Le temps de cuisson varie selon le type et les dimensions du four.
- Il est recommandé de vérifier la cuisson pendant la préparation.

- 1 Cuillère à soupe = 25g
- 1 Cuillère à café = 10g
- 1 Verre à thé = 15cl
- 1 grand verre = 1/4 litre

Risotto au saumon et aux poireaux

Ingrédients : 4 Personnes

- 350 g riz
- 1 échalote
- 1 cuillère à soupe d' huile d'olive
- un cube de bouillon de volaille dilué
- 80 cl d'eau
- 210 g de poireaux coupés finement en rondelles
- 210 g de saumon fumé
- sel + poivre
- (2 cuillères à soupe de crème épaisse + parmesan pour la version moins light)

Préparation :

1. Déclencher le mode dorer, ajouter l'huile d'olive et l'échalote coupée.
2. Mettre le riz.
3. Ajouter les poireaux, l'eau, l'assaisonnement (Dilué le cube avant de continuer) et le saumon.
4. Débutez la cuisson pendant 6 min sous pression.
5. Si vous souhaitez obtenir a la fin de la cuisson un aspect plus crémeux, mettez 2 cuillères à soupe de crème fraiche + parmesan et mêler.

Sauté de veau au poivron et pulpe de tomates

Ingrédients : 4 Personnes

- 300 g de sauté de veau dégraissé surgelé
- 1 poivron rouge de 150 g
- 420 g de pulpe de tomates
- 1 petit oignon rouge de 50 g
- 2 gousses d'ail
- 1 c. à café de fond de veau dégraissé
- 50 ml d'eau
- thym
- sel et poivre.

Préparation :

1. Mettez le Cookéo en mode dorer et placer les morceaux de viande dans la cuve sans attendre la fin du préchauffage.

2. En cocotte-minute, faites la chauffer et placez les morceaux de viande, ensuite l'oignon râpez.

3. Râpez, dégermez les gousses d'ail et mettez avec la viande.

4. Faite dorer les morceaux de veau sur toutes leurs faces.

5. Nettoyez, épépinez le poivron, retirez les parties blanches, puis coupez-le en lanières et ajoutez les à la viande.

6. En mode cuisson rapide, mettez la pulpe de tomates, le fond de veau, l'eau, le thym, sel et poivre et programmez 20 min en cuisson sous pression.
7. En cocotte-minute, faites cuire pendant 20 min à partir du chuchotement.

Courgettes aux tomates, jambon et oignons

Ingrédients : 6 Personnes

- 800 g de courgette
- 310 g de tomates cerises
- 60 g de concentré de tomates
- 90 g d'eau
- 30 g de cornichon
- 30 g d'oignon au vinaigre
- 180 g de dés de jambon
- 150 g de pomme de terre
- piment d'Espelette
- sel, thym

Préparation :

1. Nettoyez et divisez les courgettes en dés.
2. Pelez, rincez et coupez les pommes de terre en morceaux.
3. Nettoyez les tomates.
4. Divisez les cornichons en tranches.
5. Ajoutez dans la cuve du Cookéo les courgettes, les pommes de terre, les tomates, les cornichons, les oignons, le piment, le sel et le thym.
6. Mélangez le concentré avec l'eau, ajoutez dans la cuve et programmez 10 min sous pression (cuisson rapide).
7. En fin de cuisson, ajoutez les dés de jambon.

Chou romanesco au coulis et bœuf haché

Ingrédients : 2 Personnes

- 1 chou romanesco de 600 g
- 250 g de coulis de tomates
- 1 petit oignon
- 2 steaks hachés de 120 g à 5% de MG
- piment d'Espelette (facultatif)
- paprika, sel et poivre.

Préparation :

1. Pelez, coupez l'oignon.
2. Retirez les feuilles du chou, divisez-le en morceaux et lavez-le sous l'eau.
3. Dans la cuve du cookéo, en cuisson rapide mettez le chou, le coulis de tomates, les épices, l'oignon, le sel et poivre et programmez 6 min cuisson sous pression.
4. Divisez les steak hachés en tranches.
5. En fin de cuisson, mettez les morceaux de steak hachés et programmez la fonction maintien au chaud pendant 3 min ou plus selon votre goût que vous préférez pour la cuisson de la viande.

Cassolette de poireaux et poulet à la cancoillotte

Ingrédients : 3 Personnes

- 4 blancs de poireaux (350 g)
- 2 morceaux de jambon de poulet
- 40 g de cancoillotte
- sel et poivre

Préparation :

1. Retirez les premières feuilles des blancs de poireaux, divisez les en morceaux et lavez les avec de l'eau.
2. Placez les morceaux de poireaux dans la panier vapeur du Cookéo et faites les cuire 10 min en cuisson sous pression (cuisson rapide) avec 210 ml d'eau dans la cuve.
3. En cocotte-minute faites cuire à la vapeur pour 10 min a partir du chuchotement .
4. Préchauffez le four en mode grill.
5. Divisez les tranches de jambon de poulet en petites lamelles.
6. Mettez la moitié du poulet au fond d'un plat, ajoutez de la moitié des poireaux, ensuite le reste du poulet et poireaux.
7. Salez, poivrez et arroser de cancoillotte.
8. Enfournez pendant 5 min.

Gratin de Chou-fleur

Ingrédients : 6 Personnes

- 1 kg de chou-fleur
- 1 cs de moutarde
- 210 ml de crème fraîche à 7% MG
- sel, poivre
- 150 g de gruyère râpé
- 220 g d'oignon
- 220 ml d'eau

Préparation :

1. Ajoutez l'eau dans la cuve du Cookéo, mettez le panier et ajoutez le chou-fleur.
2. Sélectionner ingrédients / légumes / chou-fleur / indiquer le poids et démarrer.
3. Cela va cuire 4 minutes, et obtenir un chou-fleur assez croquant (si vous le souhaitez obtenir les chou-fleur plus fondant, continuer la cuisson de 2 à 3 minutes)
4. Drainer le chou-fleur et l'ajoutez dans un plat à gratin.
5. Préchauffer le four à 180 °C.
6. En mode dorer, mettez dans la cuve sèche, l'oignon coupé et le faire revenir afin d'obtenir un couleur doré.
7. Mettez la moutarde et la crème, sel poivre dans la cuve et mêler.
8. Agiter avec une spatule pendant 2 a 3 minute.
9. Ajoutez sur le chou-fleur et parsemer le dessus de gruyère émincer. Poivrer à nouveau.
10. Cuire pendant 20 minutes.

Chili de haricots verts et rouges aux tomates

Ingrédients : 4 Personnes

- 400 g de haricots verts frais
- 360 g de tomates
- 1 oignon de 110 g
- 140 g de haricots rouges en boite
- 1 sachet d'épices chili mexicain
- sel

Préparation :

1. Retirer la queue, coupez et lavez les haricots verts sous l'eau.
2. Lavez les haricots rouges.
3. Épluchez les tomates et divisez les en morceaux.
4. Pelez et râpez l'oignon.
5. Dans la cuve du cookéo, placez tous les ingrédients et programmez 5 min sous pression (cuisson rapide).

Couscous végétarien

Ingrédients : 6 Personnes

- 1 oignon
- 1 kg de légumes à couscous surgelés (avec pois chiche)
- 2 cuillères à soupe d'épices à couscous (raz el hanout)
- 1 petite boite de concentré de tomate 80 g
- Un cube bouillon de volaille dilué dans un verre d'eau
- 1/2 cuillère à café d'huile d'olive

Préparation :

1. Cuire l'oignon coupé en mode DORER avec l'huile d'olive.
2. Mettez les légumes.
3. Arroser d'eau à mi-hauteur, le bouillon, les épices le sel et le concentré de tomate.
4. Bien mêler.
5. Démarrer la CUISSON RAPIDE pendant 15 minutes.
6. Servir avec de la semoule.

Fondue de poireaux et pommes de terre

Ingrédients : 4 Personnes

- 4 blancs de poireaux
- 4 pommes de terre
- 1 oignon
- 2 gousses d'ail
- 1 jaune d'oeuf
- 2 c. à soupe de crème fraîche allégée
- 220 ml de bouillon de volaille
- 2 c.à café d'huile
- Sel, Poivre
- 1 c. à café de ciboulette

Préparation :

1. Nettoyez et divisez les poireaux en tranches, puis pelez et divisez les pommes de terre en 2.
2. Épluchez et émincez les gousses d'ail et l'oignon.
3. Démarrer en mode "dorer".
4. Ajoutez l'huile dans la cuve et faites cuire l'oignon, les poireaux, les gousses d'ail et les pommes de terre.
5. Stoppez le mode "dorer".
6. Ajoutez dans la cuve le bouillon de volaille. Mêlez.
7. Faites cuire en mode "cuisson rapide".
8. Commencez la cuisson pendant 10 minutes.
9. Pendant ce temps, préparez la crème : Mêlez la crème fraîche, le jaune d'oeuf, la ciboulette.
10. Salez et poivrez.
11. En fin de cuisson mettez la sauce sur la fondue de poireaux et pommes de terre.

Fondue de poireaux

Ingrédients : 2 Personnes

- 2 blancs de poireaux
- 220 ml d'eau
- sel, poivre
- 4 cuillères à soupe de crème liquide
- Une noisette de beurre

Préparation :

1. Diviser les poireaux nettoyés en fines tranches.
2. Ajoutez les dans le panier vapeur.
3. Ajoutez 220 ml d'eau dans la cuve et lancer la cuisson sous pression pendant 10 min.
4. A la fin de la cuisson, enlever l'eau de la cuve.
5. Ajoutez une noisette de beurre.
6. Démarrer le mode dorer.
7. Faire cuire les poireaux doucement (ça ne doit pas dorer) Mettez 4 cs de crème liquide.
8. Saler, poivrer, mêler.

Filet mignon à la moutarde

Ingrédients : 3 Personnes

- 1 filet mignon
- 2 échalotes
- 30g de beurre
- 2 gousses d'ail
- 50cl d'eau
- 2 càs de moutarde
- 1 cube de bouillon de volaille
- sel, poivre
- 2 càs de crème fraîche
- 1 càs de farine

Préparation :

1. Divisez le filet mignon en rondelles et faites-le dorer dans la cuve du cookéo avec un peu huile d'olive. Réservez.
2. Pelez les échalotes et l'ail et faites-les cuire dans la cuve.
3. Ajoutez la viande dans la cuve et mettez l'eau, le cube de bouillon, la moutarde, salez et poivrez.
4. Mettez la farine et mêlez bien.
5. Laissez cuire pendant 5 minutes sous pression.
6. Avant la fin de la cuisson ajoutez la crème fraîche.

Osso bucco de dinde

Ingrédients : 6 Personnes

- 1k d'osso bucco de dinde
- 1 oignon
- 1 gousse d'ail
- 3 càs d'huile d'olive
- 4 carottes
- 1 grande boîte de tomates pelées
- 150g de concentré de tomate
- 50cl d'eau
- sel, poivre

Préparation :

1. Faire dorer la viande dans la cuve du cookéo en mode dorer. Réserver.
2. Pelez les carottes, l'oignon et l'ail.
3. Diviser les carottes en petits dés, râpez l'oignon et couper l'ail.
4. Faire les revenir pendant quelques minutes dans la cuve du cookéo.
5. Mettez les tomates râpées et le concentré de tomate.
6. Ajoutez la viande dans la cuve et l'eau. Saler et poivrer.
7. Faire cuire pendant 30 minutes sous pression.

Tajine de légumes aux épices

Ingrédients : 6 Personnes

- 220 g de courgettes surgelées en rondelles
- 220 g de carottes en rondelles surgelées
- 110 g de trio de poivrons émincés surgelés
- 2 pommes de terre coupées en cubes
- 2 oignons émincés
- 2 cs d'huile d'olive
- 60 g de pulpe de tomate
- 1 cc de mélange d'épices le raz el hanout
- 20 cl de bouillon de légumes
- sel, poivre

Préparation :

1. Mettez la cuve et sélectionner le mode manuel/cuisson classique/dorer.
2. Ajoutez l'huile, les oignons et les légumes, assaisonner et agiter pour 5 minutes sans attendre la fin du préchauffage.
3. Mettez la pulpe de tomate et les épices en agitant. Couvrir de bouillon .
4. Stopper la fonction dorer et revenir en mode manuel.
5. Mettez la fonction cuisson sous pression.
6. Programmer la minuterie à 8 minutes, ensuite départ immédiat.
7. Fermer et verrouiller.
8. Servir chaud.

Filet mignon roquefort

Ingrédients : 4 Personnes

- 580 g de filet mignon
- 580 g de pommes de terre
- 180 g de roquefort
- 20 cl de crème liquide
- 30 cl d'eau
- 2 cc de fond de veau
- 2 petits oignons
- 1 cs d'huile d'olive
- sel, poivre

Préparation :

1. En mode dorer, faites cuire les oignons coupés avec un peu huile d'olive pour 3 minutes en agitant.
2. Mettez la viande divisez en tranches de 2 cm et faire revenir le tout en agitant régulièrement pour 5 minutes.
3. Mettez les pommes de terre pelées, coupées en tranches et lavées et faire revenir le tout en agitant pendant 3 minutes .
4. Mettez les cubes de roquefort, agiter.
5. Mettez l'eau dans lequel on aura dilué le fond de veau.
6. Saler, poivrer.
7. Cuisson sous pression pendant 15 minutes.
8. Mettez la crème liquide, agiter et activé le mode réchauffer jusqu'au moment de servir.

Riz aux courgettes et dés de volaille

Ingrédients : 6 Personnes

- 850 gr de courgettes jaunes
- 220 gr de riz blanc cru
- 140 gr de dés de poulet
- 1 cc d'huile d'olive
- 1 échalote
- 100 ml de vin blanc
- 410 ml d'eau
- 1 batonnet kub'or soit 2 cubes
- 2 cs de crème épaisse à 15 % de mg
- Paprika
- persil

Préparation :

1. Nettoyer les courgettes, les diviser en petit dés
2. En mode dorer ajouter l'huile et faire revenir les courgettes et l'échalote râpées, puis ajouter le riz, mêler et verser le vin blanc.
3. Laisser évaporer et stopper le mode dorer
4. Arroser l'eau et émietter le kub'or dans la cuve.
5. Mêler le tout et démarrer cuisson rapide pendant 6 minutes.
6. Avant la fin de cuisson ajouter la crème, les dés de poulet et le paprika.
7. Bien mêler.
8. Ajouter le persil et servir aussitôt.

Tortis à la crème de camembert

Ingrédients : 4 Personnes

- 210g de tortis crues
- 80g d'allumettes de bacon
- 1 échalote
- 1 gousse d'ail
- 2 càs d'huile d'olive
- 1/2 litre d'eau
- 1 cube de bouillon de volaille
- 2 càs de crème de camembert
- sel, poivre, persil

Préparation :

1. Faites cuire l'échalote, l'ail émietté et les allumettes de bacon avec l'huile d'olive, 3 minutes dans la cuve du cookéo.
2. Mettez les tortis crues, l'eau et cube de bouillon.
3. Laisser cuire pendant 3 minutes sous pression.
4. Mettez la crème de camembert. Salez et poivrez.
5. Faites cuire 1 minute sous pression.

Risotto au poulet

Ingrédients : 6 Personnes

- 320 g de riz arborio
- 1 oignon
- 1 cs d'huile d'olive
- 850 g d'escalopes de poulet
- 2 poignées de brunoise de légumes surgelée
- 1 cs de paprika en poudre
- 76 cl d'eau
- 1 bouillon de volaille
- sel, poivre
- 10 cl de crème liquide
- 1 sachet de parmesan râpé

Préparation :

1. En mode dorer, faites cuire l'oignon coupé, puis le poulet divisez en tranches, le paprika et mêler le tout.
2. Mettez le riz et mêler, jusqu'a obtenir un translucide.
3. Ensuite mettez les légumes, le bouillon, l'eau, sel, poivre.
4. Cuisson rapide pendant 8 minutes.
5. Mettez la crème liquide, le parmesan et mêler.
6. Servir aussitôt.

Pâtes à la courgette et à la tomate

Ingrédients : 2 Personnes

- 80g de lardons
- 1 oignon
- 1 gousse d'ail
- 1 courgette
- 2 tomates
- 2 càs de purée de tomate
- 1 sucre
- 40cl d'eau
- 1 cube de bouillon de légumes
- 220g de pâtes crues
- du parmesan

Préparation :

1. Nettoyez et divisez les tomates et la courgette en tronçon.
2. En mode dorer faites cuire les lardons, l'oignon, l'ail et les pour 5 minutes.
3. Mettez les pâtes crues, l'eau, le sucre, la purée de tomate et le cube de bouillon.
4. Faites cuire 3 minutes sous pression.
5. A la fin du cuisson, laissez les pâtes dans la cuve ouverte quelques minutes.
6. Saupoudrez un peu de parmesan.
7. Servez instantanément.

Pennes au Poulet

Ingrédients : 4 Personnes

- 260 g de Pennes
- 350 g d'escalopes de poulet
- 230 g de Boursin Cuisine ail et fines herbes
- 20 cl de vin blanc sec
- 1 c. à soupe de fond de volaille
- 1 oignon
- 110 ml d'eau
- 1 c. à soupe d'huile d'olives
- Persil
- Sel
- Poivre

Préparation :

1. Épluchez et tranchez l'oignon. Divisez vos escalopes de poulet en morceaux.
2. Ajoutez l'huile dans la cuve du Cookeo, ensuite activé la fonction dorer.
3. Faites revenir les oignons et le poulet pendant 3 min en agitant régulièrement.
4. Mettez le fond de volaille ensuite mêlez, mettez le vin blanc et laisser en fonction dorer pendant 2 min.
5. Mettez les pâtes, l'eau, salez et poivrez puis démarrer la cuisson sous pression pendant 4 min.
6. Mettez le Boursin Cuisine ail et fines herbes ensuite maintenir votre Cookeo au chaud pendant 2 min.
7. Parsemer de persil ensuite servir instantanément.

Choux de Bruxelles, pommes de terre

Ingrédients : 6 Personnes

- 1 kg de choux de Bruxelles frais ou surgelés
- 550 g de pommes de terre
- 170 g d'allumettes de lardons fumés
- 6 saucisses de Toulouse
- 1 café (pour moi une tasse de Senséo)
- 1 gros oignon émincé
- 1 bouillon de poule
- sel, poivre

Préparation :

1. Faites cuire dans le Cookéo les choux de bruxelles avec 210 ml d'eau.
2. Placer le panier dans la cuve ainsi les choux de Bruxelles.
3. Démarrer cuisson rapide ou sous pression pendant 10 minutes.
4. Évacuer l'eau, nettoyer la cuve, la drainer. La rétablir et réserver les choux de Bruxelles cuits.
5. Dans la cuve mettez l'oignon râpé, les saucisses diviser en morceaux, les lardons, les pommes de terre pelées, rincées et divisées en gros morceaux.
6. Bien mêler le tout, faire dorer pendant 5 minutes.
7. Saler, poivrer.
8. Mettez le bouillon de poule, le café et mêler.
9. Cuisson rapide ou sous pression pendant 10 minutes.
10. Passez le contenu de la cuve dans une passoire pour retirer le jus de cuisson
11. Servir aussitôt.

Courgettes à la crème

Ingrédients : 3 Personnes

- 2 grosses courgettes
- 2 gousses d'ail
- 4 c.à.s de creme fraiche
- 60 g de gruyère râpé
- 1 c.à.s de beurre
- 1 c.à.s de huile d'olive
- sel
- poivre

Préparation :

1. Nettoyez vos courgettes puis pelez les rondelles avec un économe et coupez-les sur toute la longueur. puis coupez-les en fines lamelles.
2. Posez-les dans la cuve de votre cookeo avec huile et beurre et l'ail coupé.
3. Démarrer le mode dorer pendant 10 minutes en agitant avec une spatule.
4. Après les 10 minutes activé instantanément le mode cuisson rapide – sous pression pendant 3 minutes.
5. Mettez la crème fraîche et gruyère râpé, parfumez et mêlez.

Pommes de terre fondantes et saucisses fumées

Ingrédients : 4 Personnes

- 4 très grosses pommes de terre
- 9 saucisses fumées
- 2 gros oignons
- 30 cl de vin blanc
- 1 bouillon de cube ail et fines herbes
- sel, poivre
- 1 cs d'huile d'olive

Préparation :

1. Pelez les pommes de terre, les diviser en gros morceaux et les nettoyer. Réserver.
2. Pelez et diviser les oignons et les faire cuire en mode dorer pour 3 minutes dans l'huile d'olive.
3. Mettez les saucisses coupées en grosses tranches et mettez les pommes de terre.
4. Saler, poivrer et faire cuire le tout pendant 5 minutes.
5. Mettez le vin blanc, le bouillon de cube et mêler.
6. Cuisson sous pression 25 minutes.
7. Servir bien chaud.

Cuisse de dinde aux courgettes

Ingrédients : 4 Personnes

- 1 cuisse de dinde d'environ 750 gr
- 3 courgettes coupées en fines lamelles
- 2 pommes de terres coupées en fines lamelles
- 2 c à s d'huile d'olive
- 1 verre de vin blanc (de mon partenaire la Villageoise)
- 1 c à s de paprika doux
- 160 gr de fromage frais ail et fines herbes
- 1 briquette de 25 cl crème fraîche
- 1 gousse d'ail dégermée et émincée
- Sel
- Poivre

Préparation :

1. Activé le mode dorer, dans la cuve du Cookéo ajouter l'huile.
2. Une fois chaude, ajouter l'ail coupé puis faire cuire pendant 1 à 2 min.
3. Mettez la viande et la faire dorer sur les 2 faces.
4. Metter le vin et prévoir 1 min additionnel après le premier bouillon.
5. Fermer et démarrer la cuisson pour 20 min.
6. Ouvrir le couvercle parsemer de paprika, placer les lamelles de courgettes, le fromage, ajouter la crème, sel, poivre.
7. Continuer la cuisson 5 minutes additionnels.
8. Rectifiez l'assaisonnement .
9. Servir bien chaud.

Poulet aux courgettes

Ingrédients : 4 Personnes

- 620 g d'escalopes de poulet
- 1 gros oignon
- 520 g de courgettes (surgelées pour moi)
- 160 g de vin blanc sec
- 1 marmite de bouillon de poule
- 1 cs de thym séché
- sel, poivre

Préparation :

1. Peler et râpées l'oignon en gros morceaux.
2. Activé le mode dorer, mettez l'oignon râpées dans la cuve.
3. Diviser le poulet en lamelles et l'ajouter dans la cuve.
4. Mettez les courgettes en tranches.
5. Agiter avec une spatule.
6. Faire cuire le tout pour 5 minutes.
7. Mettez le vin blanc, la marmite de poule, le thym, sel et poivre.
8. Cuisson rapide sous pression pour 7 minutes.
9. Servir avec du riz basmati.

Courgette a la crème

Ingrédients : 2 Personnes

- 4 petites courgettes coupées en spirale
- 3 gousses d'ail finement haché
- 2 C a S de crème fraîche
- 2 c à s d'Huile d'olive
- Sel, poivre

Préparation :

1. Démarrer le Cookeo en mode manuel.
2. Sélectionner cuisson classique puis le mode dorer, la machine commence en préchauffage.
3. A la fin du préchauffage, mettez l'huile d'olive faire cuire les courgettes et l'ail en mode dorer pour 5 minutes.
4. Ensuite continuer la cuisson pour 3 minutes en mode sous pression.
5. A la fin de la cuisson, mettez sel, poivre , 2 C a S de crème fraîche.
6. Mêler délicatement.

Risotto poireaux jambon

Ingrédients : 4 Personnes

- 4 blancs de poireaux
- 2 cc d'huile
- 200 gr riz thai Amborio
- 160 gr de râpé de jambon fumé (j'ai mis des dés de jambon)
- 460 ml d'eau
- 1 bouillon cube
- 4 cs crème fraîche

Préparation :

1. Couper en tranches très fines les blancs de poireaux.
2. En mode dorer faire chauffer l'huile et y faire cuire les poireaux tout en agitant.
3. Mettez le riz et mélanger le tout.
4. Mélanger ensuite le râpé de jambon.
5. Arrêter le mode dorer.
6. Émietter le bouillon cube, verser l'eau et démarrer une cuisson rapide pour 15 minutes.
7. A la fin de la cuisson verser la crème en mode dorer.
8. Servir aussitôt.

Cassoulet Express

Ingrédients : 4 Personnes

- 510 gr d'haricot lingot sec
- 320 gr de saucisson à l'ail fumé
- 320 gr de poitrine fumées en tranche
- 4 saucisses de Toulouse
- 4 gousses d'ail
- 70 gr de double concentré de tomate
- 750 ml d'eau + 5 cac de fond de veau
- 1 oignon
- sel, poivre
- thym en poudre

Préparation :

1. La veille : Faire mouiller les haricots dans un bol remplis d'eau.
2. Le jour J : Peler et émincer l'oignon.
3. Peler les ails et les dégermer et les émincer.
4. Diviser les tranches de poitrine en deux.
5. Diviser votre saucisson en morceaux.
6. Débuter votre cookeo en mode dorer, ajouter 2 càs d'eau dans la cuve, mettre les saucisses, l'oignon, les ails et la poitrine fumée et j'ai laisser un peu revenir et agiter.
7. Stopper le mode dorer, Assécher vos haricots et les ajouter.
8. Mettez l'eau, le fond de veau et le double concentré de tomate., les tranches de saucisson, sel, poivre et thym et agiter.
9. Passer en cuisson rapide ou cuisson sous pression pour 45 minutes.

Pommes de terre au fromage fondu

Ingrédients : 4 Personnes

- 520g de pommes de terre
- 4 knackis
- 110g de crème fraîche épaisse
- sel, poivre
- 5 tranches de fromage à croque

Préparation :

1. Ajouter les pommes de terre dans le panier vapeur du cookéo.
2. Ajouter 25cl d'eau et faites cuire pour 15 minutes sous pression.
3. Peler et divisez les pommes de terre en morceaux.
4. Faites cuire les knackis coupées en tranches pour 2 minutes dans la cuve, puis mettez les pommes de terre.
5. Ajoutez la crème fraîche, salez, poivrez et mêlez bien.
6. Placez les tranches de fromage à croque sur les pommes de terre.
7. Fermez le couvercle du cookéo (encore chaud mais éteint) et laissez fondre le fromage quelques minutes.

Pâtes au saumon et aux brocolis

Ingrédients : 4 Personnes

- 4 pavés de saumon
- 710 gr de brocolis surgelés
- 520 ml d'eau
- 230 gr de pâtes
- 4 cs de crème épaisse à 15 % de mg
- Sel, poivre

Préparation :

1. Ajouter l'eau dans la cuve et y mettez le brocoli surgelé.
2. Placer une feuille de papier cuisson dans le panier et y mettre les pavés de saumon, saler, poivrer.
3. Démarrer une cuisson rapide pour 7 minutes.
4. En ce moment, faire chauffer une grande casserole d'eau salée et y faire cuire les pâtes comme indiqué sur le paquet.
5. Quand le Cookeo sonne, retirer le saumon et réserver au chaud.
6. Assécher le brocoli et le replacer dans la cuve.
7. Mettez les pâtes cuites et la crème, saler, poivrer et mêler délicatement.
8. Servir aussitôt accompagné d'un pavé de saumon.

Soupe de Courgettes à l'Ail et au Persil

Ingrédients : 6 Personnes

- 1 kilo de courgettes
- 1 oignon (je l'ai ajouté)
- 3 gousses d'ail
- 1 petit bouquet de persil (ou du persil déshydraté)
- 1 marmite de bouillon Knorr
- 1 litre d'eau (à peu près)
- Sel & poivre
- Beurre & huile

Préparation :

1. Nettoyez, épulcher et émincez les courgettes.
2. Epulcher les gousses d'ail et l'oignon, divisez-les en gros morceaux.
3. Nettoyez et divisez en gros morceaux le persil (gardez quelques bouquets pour la décoration).
4. Dans la cuve du cookeo ajoutez un peu d'huile et un peu de beurre, ensuite démarrer le mode "dorer".
5. Faites cuire l'oignon jusqu'à ce qu'il devienne translucide ; puis mettez les courgettes, l'ail et le persil ; mêlez et laissez cuire 30 à 60 secondes.
6. Mettez la marmite de bouillon, le sel et le poivre ; mélangez bien.
7. Stoppez le mode "dorer".
8. Arroser d'eau et passez en mode "sous pression" pour 8 minutes.
9. Puis mixez le tout et épicez selon votre goût.
10. Versez dans des bols et décorez avec un petit peu de persil.

Courgettes au boeuf haché

Ingrédients : 6 Personnes

- 520 g de viande de bœuf hachée
- 1 cs d'échalote déshydratée
- 750 g de courgettes surgelées
- 2 sachets de riz basmati
- 1 kubor
- 300 ml d'eau
- sel, poivre
- 5 kiri

Préparation :

1. En mode dorer dans la cuve du cookéo, mettez la viande et la faire dorer avec l'échalote.
2. Verser les courgettes, le kubor émietté, le riz, l'eau.
3. Bien mêler le tout.
4. Saler légèrement et poivrer.
5. Mettez le fromage sur le dessus et programmer cuisson rapide pour 7 minutes.
6. Servir aussitôt bien chaud.

Courgettes mozzarella viande hachée

Ingrédients : 2 Personnes

- 220g de viande hachée
- 1 oignon
- 1 à 2 courgettes (selon la taille)
- 1 cube bouillon de boeuf (ou kub or)
- 130 g de mozzarella
- sel
- poivre
- Un peu d'huile d'olive

Préparation :

1. En mode dorer, faites cuire l'oignon avec huile d'olive, mettez la viande.
2. Ajouter les courgettes divisées en dés et le bouillon émietté dans la cuve. Mêler.
3. Stopper le mode dorer.
4. Sur la préparation, mettez la mozzarella coupée en tranches (Ne pas mélanger).
5. Passer en mode sous pression ou cuisson rapide .
6. Laisser cuire pendant 3 minutes.
7. Servir aussitôt.

Tagliatelles à la courgette

Ingrédients : 2 Personnes

- 260g de tagliatelles fraîches
- 1 courgette
- 80g de lardons
- 60cl d'eau
- sel, poivre
- 70g de boursin

Préparation :

1. Nettoyez et coupez les deux extrémités de la courgette.
2. Divisez-la en morceaux.
3. Faites cuire les lardons dans la cuve du cookéo pour 2 minutes en mode dorer puis mettez les dés de courgette.
4. Laissez dorer 1 minute additionnel.
5. Mettez les tagliatelles fraîches et ajoutez l'eau dans la cuve.
6. Salez et poivrez.
7. Faites cuire pour 1 minute sous pression.
8. Avant la fin de la cuisson, mettez le boursin.
9. Mêlez jusqu'à ce qu'il soit entièrement incorporé.

Farfalle saumon

Ingrédients : 2 Personnes

- 320 gr de pâtes cures
- 4 pavés de saumon
- 2 blancs de poireaux (à tester avec 3 ou 4)
- 1 bouillon cube bio basilic thym
- sel, poivre
- ciboulette
- 3 cs de crème épaisse à 15 % de mg
- 2 cs de sauceline

Préparation :

1. Nettoyer les blancs de poireaux, les diviser en tranches et les ajouter dans la cuve (moitié de la cuve).
2. Ajouter les pâtes crues de l'autre côté.
3. Diviser le saumon en gros dés et le placer au-dessus.
4. Arroser de l'eau à hauteur des pâtes .
5. Mettez le bouillon cube, le sel, le poivre et la ciboulette.
6. Démarrer une cuisson rapide 6 minutes.
7. A la fin de cuisson ouvrir le cookeo et ajouter la sauceline.
8. Faire épaissir en mode dorer et mettez la crème.
9. Servir aussitôt

Poêlée de courgettes Kiri

Ingrédients : 2 Personnes

- 3 petites courgettes
- 3 vaches qui rit
- 1 petit oignon
- 1 kub or

Préparation :

1. Epulcher les courgettes.
2. Diviser les courgettes en petit morceaux .
3. Démarrer le cookéo en mode dorer avec un peu d'huile d'olive. Y faire cuire un oignon râper.
4. Mettez les courgettes écraser un kub or dessus, bien mêler.
5. Arroser un demi-verre d'eau.
6. Ajouter de la vache qui rit au dessus des courgettes.
7. Démarrer la cuisson sous pression pour 3 min pour avoir des courgettes croquantes, pour 5 si vous les voulez fondantes.

Sauté de veau aux champignons

Ingrédients : 6 Personnes

- un peu d'huile d'olive
- un oignon
- une gousse d'ail
- bouquet garni
- 1 cuillère à soupe de fond de veau
- 900 g de viande à sauté de veau ou blanquette
- 350 g de champignons blonds, de Paris ou autres
- 1 cuillère à café de maïzena
- 1 verre de vin blanc
- 2 cuillères à soupe de crème fraiche

Préparation :

1. En mode dorer faites cuire les oignons coupés dans l'huile d'olive.
2. Mettez la viande, la faire dorer de toutes les cotés.
3. Mettez le vin blanc, le bouquet garni, les arômes (facultatif), mêler et démarrer la cuisson sous pression pour 20 min.
4. Retirez le pied terreux des champignons et les diviser en 4.
5. Après 20 min de cuisson, ajouter les champignons, l'ail coupé et le fond de veau dans la cuve, mêler et poursuivre la cuisson sous pression pour 10 min.
6. Diluer la maizena dans un verre d'eau.
7. Mettez la crème et la maizena diluée dans la cuve.
8. Ajouter en mode dorer jusqu'à obtenir la sauce selon vos goûts.

Risotto courgettes jambon

Ingrédients : 4 Personnes

- 2 petites courgettes ou 1 grosse
- 350 gr de riz spécial risotto
- 800 ml d'eau
- 170 gr de dès de jambon
- 1 cube de volaille
- 1 grosse cuillère à soupe de mascarpone
- huile d'olive
- du gruyère émincé et parmesan

Préparation :

1. Nettoyer et diviser les courgettes en dès, les reserver.
2. Ajouter de l'huile d'olive dans votre Cookèo ensuite faire cuire le riz en mode Dorer.
3. Mélanger les courgettes et les petits morceaux de jambon, agiter.
4. Arrêter le mode Dorer.
5. Mettez l'eau et le cube de volaille, incorporer le tout et mettre en mode Cuisson pour 15 minutes.
6. Avant la fin de cuisson mettez le la gruyère émincé et le parmesan (la quantité que vous souhaiter) et le mascarpone, agiter également et déguster.

Sauté de porc fromage ail et fines herbes

Ingrédients : 6 Personnes

- 2 petits oignons ou
- un demi kubor émietté
- un demi verre de vin blanc
- un demi verre d'eau
- une cuillère à café de maïzena
- sel, poivre
- 950 g de viande à sauté de porc
- 2 cuillères à soupe d'huile d'olive (ou du beurre)
- une boite de fromage ail et fines herbes type boursin 150 g

Préparation :

1. Mode dorer: faites cuire les oignons émincés dans l'huile d'olive
2. Mettez la viande et la faire dorer sur toutes les faces.
3. Mettez le vin blanc, l'eau, le kubor dilué ou émietté
4. Saler, poivrer
5. Démarrer la cuisson rapide (sous pression) pour 35 min.
6. A la fin de la cuisson, mettez le fromage ail et fines herbes.
7. Si la sauce n'est pas assez dense : diluer la maïzena dans une cuillère à soupe d'eau et ajouter le mélange dans la préparation.
8. Agiter et démarrer le mode dorer pour 5 min.

Blanquette de dinde

Ingrédients : 6 Personnes

- 850 g de viande de blanquette de dinde
- 1 oignon
- 2 grosses poignées de poireaux surgelés
- 2 belles poignées de carottes en rondelles surgelées
- 120 g de lardons fumés
- 1 bouillon de poule
- 620 ml d'eau
- 1.5 cs de sauceline
- 1 cs d'huile d'olive
- sel, poivre

Préparation :

1. Peler et râper l'oignon. ajouter l'huile d'olive dans la cuve et fates cuire les oignons, les lardons et la viande pour 3 minutes.
2. Mettez les carottes, les poireaux et continuer la cuisson pour 2 minutes.
3. Ajouter le bouillon de volaille dans la cuve du Cookéo, saler, poivrer.
4. Lancer la cuisson sous pression pour 8 minutes.
5. Mettez la sauceline et la crème fraîche, incorporer et mettre à réchauffer 5 minutes afin d'obtenir une sauce dense.
6. Servir avec du riz.

Boeuf aux poivrons

Ingrédients : 6 Personnes

- 1 kg de viande de boeuf
- 1 oignon
- 3 poivrons si possible de couleurs différentes (ou 350 g de poivrons surgelés)
- 1 boite de pulpe de tomates (ou 4-5 tomates fraiches et 70g de concentré de tomates)
- une cuillère à café rase de cumin
- une cuillère à café bombée de paprika
- sel, poivre
- 2 cuillères à soupe de farine
- 1 verre de vin blanc
- 1 ou 2 verres d'eau (plus ou moins selon l'épaisseur)
- un filet d'huile d'olive

Préparation :

1. Mode dorer : faire cuire l'oignon coupé dans l'huile d'olive.
2. Mettez la viande, la faire dorer sur toutes leurs faces.
3. Parsemer de farine et incorporer jusqu'à ce que la farine ait complètement disparu.
4. Mettez tous les ingrédients (sauf carottes et sauceline) incorporer et démarrer la cuisson sous pression pour 45 min.
5. Si vous souhaitez mettre des carottes, ne lancer que pour 30 min et relancer ensuite 15 min avec les carottes.
6. A la fin de la cuisson, si la sauce est trop liquide, mettre le mode dorer pour 5 min en mêlant continuellement, vous pouvez mettre 2-3 cuillères à soupe de sauceline spéciale sauce brune pour plus de liant.

Blanquette de poulet

Ingrédients : 4 Personnes

- 620 gr de blancs de poulet
- 1 blanc de poireau
- 3 belles carottes
- 1 petit oignon
- 1 boîte de champignons de Paris de 400 gr soit 230 gr égoutté
- 130 ml de de vin blanc
- 250 ml d'eau
- 1 cube de bouillon de volaille
- 1 cc d'huile d'olive
- 3 cs de sauceline
- 3 cs de crème épaisse à 15 % de mg
- Sel, poivre, thym

Préparation :

1. Peler les carottes et les couper en tranches.
2. Râper l'oignon et le blanc de poireau.
3. Diviser le poulet en cubes.
4. En mode dorer faire chauffer l'huile et faire cuire l'oignon et le poulet.
5. Mettez le poireau et les carottes, faire dorer pour 2 min.
6. Arroser avec le vin blanc, saler, poivrer et parsemer de thym ensuite mettez les champignons égouttés.
7. Ajouter l'eau et émietter le bouillon cube dans la cuve, ensuite passer en mode cuisson rapide pour 12 minutes.
8. A la fin de la cuisson, retourner en mode dorer et mettez la sauceline dans la cuve.
9. Faire épaissir puis ajouter la crème. incorporer le tout.
10. Servir aussitôt.

Émincés de dinde aux carottes

Ingrédients : 4 Personnes

- 710 g d'escalopes de dinde couper en tranches très fines
- 2 petits oignons émincés
- 720 g de carottes surgelées en tranches
- 310 ml de crème fraîche liquide entière
- 150 ml de fond de veau
- sel, poivre
- 1.5 cs de moutarde
- 1 filet d'huile d'olive
- persil

Préparation :

1. En mode dorer, mettez l'huile d'olive et y faites cuire la viande et les oignons afin d'obtenir une coloration dorée.
2. mettez le reste des ingrédients, mêler et cuisson sous pression 3 minutes.
3. incorporer, parsemer de persil et servir assitôt.

Boulettes de viande aux petits pois

Ingrédients : 6 Personnes

- 310g de chair à saucisse
- 310g de viande hachée
- 2 tranches de pain de mie
- 5cl de lait
- 1 œuf
- sel, poivre
- 5 carottes
- 1 oignon
- 1.5k de petits pois (surgelés)
- 500g de purée de tomate
- 40cl d'eau
- 1 sucre
- 1 cube de bouillon
- 40cl d'eau
- 1 càs de farine
- 2 càs d'huile d'olive

Préparation :

1. Dans un récipient, mêler la viande hachée et la chair à saucisse.
2. Baigner les tranches de pain de mie dans le lait et les émietter sur la viande.
3. mettez l'œuf entier, saler et poivrer.
4. Bien incorporer.
5. Former des petits boules. Réserver.
6. Nettoyer et couper les carottes en petits dés.
7. Tailler l'oignon. est faire dorer quelques minutes dans la cuve du cookéo avec l'huile d'olive.
8. mettez la purée de tomate, l'eau, le sucre et le cube de bouillon.
9. ajouter les petits pois et les boulettes de viande.
10. mijoté 20 minutes sous pression.

Pommes de terre farcies

Ingrédients : 4 Personnes

- 7 pommes de terre
- 1 càs de crème fraîche
- 1 œuf
- 80g de dés de jambon
- sel, poivre
- 4 morceaux de mozzarella
- 25cl d'eau

Préparation :

1. Ajouter l'eau dans la cuve du cookéo.
2. Placer les pommes de terre dans le panier vapeur et mettez le panier dans la cuve.
3. Faites cuire pour 18 minutes sous pression.
4. Pelez et videz les pommes de terre à l'aide d'une spatule.
5. Ajouter la chair des pommes de terre dans un bol et mettez-y l'œuf entier et la crème fraîche. Salez et poivrez.
6. Emplissez les pommes de terre de cette préparation puis ajouter un demi morceau de mozzarella sur chacune (ou pas selon les goûts).
7. Cuire pour 2 minutes sous pression.

Anneaux d'encornet et Fenouil

Ingrédients : 2 Personnes

- 2 poignée d'anneaux d'encornets frais
- 2 bulbe de fenouil
- 1/2 oignon
- 1 bol de sauce tomate
- 12 cl de vin blanc
- 2 c. à soupe d'huile d'olive
- 3 pointes de couteau de curry
- Sel et Poivre

Préparation :

1. Nettoyer et diviser le fenouil en petits morceaux.
2. Peler le demi-oignon et le diviser en petits morceaux.
3. En mode "Dorer", ajouter l'huile d'olive dans la cuve du Cookeo puis ajouter l'oignon et le fenouil.
4. Mêler et laisser dorer légèrement.
5. Mettez le vin blanc, le sel et le poivre.

1. Laisser le vin s'évaporer puis mettez les encornets.
2. Incorporer.
3. Mettez le curry et la sauce tomate puis rectifier l'assaisonnement si besoin (Je n'ai pas eu besoin de le faire).
4. Mettez les anneaux d'encornets.
5. Continuer en mode "Cuisson sous pression" pour 15 minutes.
6. Servir bien chaud !

Saucisses lentilles

Ingrédients : 2 Personnes

- un oignon
- 220 g de lardons
- 4 saucisses de Montbéliard ou de Toulouse coupées en morceaux
- un bouquet garni
- 190 g de lentilles (un grand verre)
- 310 g d'eau (sur le paquet, c'est noté 1.5 fois le volume donc un verre et demi)
- 3 carottes coupées en tranches

Préparation :

1. Couper en tranches les oignon ensuite faites cuire dans un filet d'huile d'olive.
2. Mettez les lardons et les saucisses coupées en tranches, mettez le bouquet garni, et les tranches de carottes coupées en deux ou quatre pour les plus grandes.
3. Arroser d'eau, et mettez les lentilles, ça doit recouvrir l'ensemble, cuisson rapide 12 mn. (en fonction de vos lentilles, regardez les conseils sur le paquet ... moi sur mon paquet, c'était noté 7 min en autocuiseur et 20 min en cuisson classique, mais ça n'était pas suffisant, 12 min par contre c'était parfait!)

Saumon au boursin

Ingrédients : 4 Personnes

- 4 pavés de saumon
- 200 g de Boursin
- 700 g de blancs de poireaux émincés
- 5 c à s de brunoise de légumes surgelée
- 3 c à s d'huile d'olive
- 200 ml de bouillon de légumes

Préparation :

1. Glisser la cuve dans l'appareil puis régler-le sur le mode manuel / cuisson classique / dorer.
2. Ajouter l'huile, mettez les poireaux puis faire dorer 6 minutes sans attendre la fin du préchauffage.
3. Mettez la brunoise et continuer la cuisson pour 2 minutes en agitant.
4. Arroser le bouillon, assaisonner et répartir le saumon.
5. Stopper la fonction dorer et revenir au mode manuel.
6. Choisir la fonction cuisson sous pression, programmer la minuterie à 7 minutes puis départ immédiat.
7. Fermer et verrouiller.
8. Réserver les pavés de saumon.
9. Mélanger le fromage et le laisser fondre dans les légumes puis dresser les assiettes.

Filets de poulet aux poivrons et endives

Ingrédients : 4 Personnes

- 500g de filets de poulet
- 280g de poivrons surgelés
- 300g d'endives
- 60 g de petits oignons surgelés
- 60 ml de vin blanc sec
- thym
- sel et poivre

Préparation :

1. Mettez le Cookéo en mode dorer.
2. Divisez les filets de poulet en gros cubes et faites les dorer pour 3 min, sans attendre la fin du préchauffage pour le Cookéo.
3. Mettez le reste des ingrédients et mettez le cookéo en mode cuisson sous pression ou cuisson rapide pendant 5 min.

Endives à la pulpe de tomates épicée

Ingrédients : 4 Personnes

- 5 endives (500 g)
- 250 g de pulpe de tomates
- 2 c.à café de mélange espagnol (5 g)
- 40 g de Saint-Môret léger
- sel et poivre.
- 30 ml d'eau

Préparation :

1. Retirez les pieds des endives creusez-les.
2. Retirez si nécessaire les premières feuilles et passez-les sous l'eau.
3. Ajouter les endives dans la cuve du Cookéo, mettez les épices, la pulpe de tomates, le Saint-Môret en morceaux et programmez 20 min sous pression (cuisson rapide).

Gratin de chou-fleur au curry

Ingrédients : 6 Personnes

- 1 kg de chou fleur
- 3 cuillères à café de curry
- sel, poivre
- une petite poignée de gruyère
- une cuillère à soupe de chapelure
- 115 ml de crème

Préparation :

1. Placer le chou-fleur dans le panier vapeur du cookéo
2. Ajouter 200 ml d'eau dans la cuve et y placer le panier
3. Démarrer la cuisson sous pression pour 6 min
4. Mettez le chou fleur dans un moule à gratin, ajouter le sel, le poivre, la crème, le curry et bien mêler (pour moi, j'écrase un peu à la fourchette)
5. Parsemer de fromage râpé et chapelure et enfourner une vingtaine de minutes pour faire dorer.

Blancs de poulet, sauce Boursin

Ingrédients : 6 Personnes

- 1 kg de blancs de poulet
- 3 oignons moyens
- 1 pot de Boursin cuisine ail et fines herbes
- 3 cs de crème fraîche à 7 % MG
- sel, poivre

Préparation :

1. Démarrer le Cookéo en mode dorer et faites cuire les oignons pelés et émincés. Les faire dorer.
2. Mettez le poulet coupé en morceaux afin de dorer sur toutes la faces.
3. Mettez le Boursin, mélanger, saler, poivrer et cuire sous pression 2 minutes.
4. Mettez la crème fraîche, mélanger, saler, poivrer.
5. Mettre en mode réchauffer pour 5 minutes et servir avec des pâtes natures par exemple ou du riz basmati.

Poêlée carottes saucisse

Ingrédients : 4 Personnes

- 350g de carottes
- 270g de saucisse de Toulouse
- 30cl d'eau pour la cuisson
- sel, poivre
- 3 càs d'huile d'olive
- 1 càs de crème fraîche

Préparation :

1. Peler et couper les carottes en tranches.
2. Arroser d'eau dans la cuve du cookéo, les carottes dans le panier vapeur et cuire pour 5 minutes sous pression. Réserver.
3. Faire chauffer l'huile d'olive dans la cuve du cookéo et faire dorer la saucisse coupée en morceaux en mode dorer.
4. Une fois la saucisse cuite, mettez les tranches de carottes, la crème fraîche, saler et poivrer.

Chou fleur au curry

Ingrédients : 4 Personnes

- 1 chou-fleur
- 4 escalopes de poulet
- 250 ml de lait de coco
- 2 oignon
- 260 ml de coulis de tomate
- 1 cuil. à soupe de curry en poudre
- 1 cuil. à soupe d'huile d'olive

Préparation :

1. Couper les escalopes de volaille en petits morceaux.
2. Laver les fleurettes de chou-fleur dans le cookéo. Pour cela je les place dans le panier vapeur, dépose un fond d'eau dans la cuve et mets en mode "cuisson rapide" pour 4 minutes.
3. Couper les oignons en petits morceaux.
4. Retirez le panier et l'eau de la cuve, et passer en mode "dorer", pour faire revenir les oignons avec l'huile d'olive.
5. Ajouter les blancs de poulet et les fait revenir également.
6. Ajouter le chou-fleur, le curry, le lait de coco et le coulis de tomate
7. Mélanger bien l'ensemble. Et démarrer la cuisson en mode "sous pression" pendant 10 minutes.

Pommes de terre sautées au chorizo

Ingrédients : 6 Personnes

- 1 kg de pommes de terre
- 130 g de chorizo à cuisiner
- 250 g d'oignons émincés
- 1 marmite de bouillon de poule
- 110 ml d'eau
- sel, poivre

Préparation :

1. Diviser le chorizo en tranches.
2. Peler, diviser les pommes de terre en morceaux et les nettoyer.
3. Couper les oignons.
4. En mode dorer, faire revenir les oignons et le chorizo pour 4 minutes en agitant souvent avec une spatule.
5. Mettez les pommes de terre, agiter et cuire le tout encore 5 minutes. Saler, poivrer.
6. Mettez le bouillon, l'eau, mélanger à nouveau et cuire 5 minutes sous pression.
7. Servir bien chaud.

Pâtes aux lardons

Ingrédients : 4 Personnes

- Un bol de carottes surgelées
- Un bol de petits pois surgelés
- un bol de poivrons surgelés
- 220 g de lardons
- 1 oignon
- 1 cuillère d'huile d'olive
- des épices au choix (j'ai pris des tex-mex)
- sel, poivre
- 350 g de pâtes

Préparation :

1. Mode dorer : Faites cuire l'oignon coupé dans l'huile d'olive.
2. Mettez tous les ingrédients, incorporer .
3. Recouvrir d'eau, incorporer à nouveau.
4. Regarder le temps de cuisson de vos pâtes sur le paquet. Moi, c'est conseillé 8 min, du coup, il faut diviser par deux (4) et mettez +1. Pour des pâtes 8 min, je mets 5 min.
5. Démarrer la cuisson sous pression .

Pates aux boulettes de boeuf

Ingrédients : 4 Personnes

- 14 boulettes boeuf
- 2 oignon émincé
- 120 g de poivrons en lamelles
- 30 cl de sauce bolognaise
- 60 cl d'eau
- 250 g de macaronis longue cuisson (11 mns)
- sel, poivre

Préparation :

1. En mode "dorer", faites cuire l'oignon et les boulettes pour 3 minutes.
2. Mettez les poivrons, la sauce bolognaise, l'eau, les macaronis, le sel, le poivre.
3. Incoporer tout.
4. Démarrer en cuisson "sous pression" pour 6 minutes.
5. Servir instantanément.

Blancs de poulet à la crème

Ingrédients : 6 Personnes

- 800 g de filets de poulet
- 20 cl de crème liquide (à 4%MG pour moi)
- 6 cl de vin blanc
- 2 échalotes
- 1 c.à.s de fond de volaille
- sel
- poivre

Préparation :

1. Diviser les filets de poulet en morceaux.
2. Couper les échalotes.
3. Placer les morceaux de poulet dans la cuve du Cookéo.
4. Les faire cuire en mode dorer jusqu'a obtenir une couleur doré.
5. Une fois dorés, mettez les échalotes et les faire suer.
6. Mettez le fond de volaille, vin, sel, poivre puis la crème liquide.
7. Bien incorporer le tout.
8. Démarrer la cuisson rapide – sous pression pour 4 minutes.
9. Servir bien chaud.

Tagliatelles au Saumon et Épinards

Ingrédients : 4 Personnes

- un paquet de tagliatelles (rayon frais)
- 2 pavés de saumon
- 220 g épinards (surgelés)
- 1/2 boursin
- 30 cl de crème liquide
- 450 ml d'eau
- 4 CS de crème fraîche
- sel
- poivre

Préparation :

1. Cuire les épinards et le saumon pour 5 min dans le panier vapeur. (Arroser 200 ml d'eau dans le fond de la cuve.)
2. Couper le saumon en grossièrement (et je l'ai réservé au chaud car je le trouvais assez cuit)
3. Retirer l'eau du cookeo et laver la cuve.
4. Ajouter tous les ingrédients dans le cookeo (sauf le saumon pour moi) et 200 ml d'eau.
5. Cuisson rapide pour 2 min.

Pâtes aux poivrons

Ingrédients : 4 Personnes

- 550 g de pâtes
- 300 g de poivrons surgelés
- sel, poivre
- une cuillère à soupe d'huile d'olive

Préparation :

1. Mode dorer : faire revenir les poivrons dans l'huile d'olive.
2. Mettez les pâtes, le sel, le poivre, le bouillon ou l'arôme.
3. Incorporer .
4. Arroser de l'eau pour recouvrir les pâtes .
5. Démarrer la cuisson sous pression pour :
    - 4 min (si ce sont des pâtes 7 min)
    - 6 min (si ce sont des pâtes 10 min)
6. En fait, il faut diviser le temps par deux et ajouter une minute.

Poêlée de pommes de terre poivrons

Ingrédients : 6 Personnes

- un filet d'huile d'olive
- 1 kg de pommes de terre coupés en petits morceaux
- 2 poivrons (ou 400 g environ de poivrons surgelés)
- 2 oignon
- sel, poivre, persil

Préparation :

1. Mode dorer, faites cuire l'oignon coupés en petits morceaux dans l'huile d'olive.
2. Mettez les poivrons et bien incorporer.
3. Mettez les pommes de terre, le sel, le poivre, mélanger à nouveau.
4. Arroser un demi verre d'eau, bien incorporer et démarrer la cuisson sous pression pour 4 min (plus ou moins selon la taille des morceaux).
5. Note : il se peut que votre cookéo vous réclame de l'eau, si tel est le cas, ouvrez le couvercle et ajoutez-en un petit peu... avant de relancer la cuisson.
6. On peut ajouter un peu de persil dans l'assiette.

Coquillettes jambon fromage

Ingrédients : 4 Personnes

- 550 g de coquillettes
- 160 g de dés de jambon
- 30 cl de crème liquide à 4 % MG
- 3 belles poignées de gruyère râpé
- sel, poivre

Préparation :

1. Mettez le jambon et les coquillettes dans la cuve du Cookéo.
2. Arroser d'eau jusqu'a recouvrir les ingrédients.
3. Saler, poivrer.
4. Cuisson rapide pour 4 minutes (il faut diviser le temps de cuisson de vos pâtes par deux).
5. Si il reste de l'eau il faut le retirer.
6. Agiter, mettez le fromage râpé, agiter dans la cuve pour le faire filer, mettez la crème liquide, agiter et servir aussitôt.

Risotto aux deux saumons

Ingrédients : 4 Personnes

- 420g de riz Arborio
- 250g de pavé de saumon coupé en cubes
- 2 tranches de saumon fumé coupées en lanières
- 2 échalote hachée
- 30g de beurre
- 3 CS de sauce soja
- 100 ml de crème liquide

Préparation :

1. Ajouter la cuve dans votre Cookeo et choisir le mode manuel / cuisson classique / dorer.
2. Ajouter le beurre, l'échalote et le riz dans la cuve. Agiter pour 4 minutes sans attendre la fin du préchauffage, jusqu'à ce que le riz soit translucide.
3. Mettez les cubes de saumon et agiter.
4. Assaisonner, arroser avec un peu d'eau et agiter quelques instants.
5. Ajouter la sauce soja diluée dans 400 ml d'eau et incorporer.
6. Stopper la fonction dorer et revenir au mode manuel.
7. Choisir la cuisson sous pression, programmer le temps de cuisson à 10 minutes, puis départ immédiat.
8. Fermer le couvercle et verrouiller.
9. Mettez la crème liquide ainsi que le saumon fumé coupé en lanières. incorporer légèrement et refermer l'appareil pour 1 minute.

Gratin de chou fleur et brocoli

Ingrédients : 6 Personnes

- 750 g de chou-fleur et brocoli
- 220 ml d'eau
- 1 cube de légumes
- 170 g de fromage râpé
- 60 g de farine
- 40 g de beurre
- 270 g de crème liquide
- 250g de lait
- 1 pincée de noix de muscade
- Sel
- Poivre

Préparation :

1. Nettoyer et couper le chou-fleur et le brocoli en bouquets et mettez-les dans le panier vapeur du cookéo, arroser l'eau dans la cuve du cookéo.
2. Ajouter le panier vapeur, puis démarrer le mode cuisson sous pression pour 4 minutes.
3. Ajouter dans le bol du thermomix, la farine, le beurre coupé en morceaux, la crème, le lait, la noix de muscade, saler, poivrer.
4. Programmer 7 minutes à 90°C en vitesse 4.
5. Placer les bouquets de chou-fleur et brocoli dans un plat à gratin, puis verser la sauce béchamel.
6. Saupoudrer de fromage râpé.
7. Enfourner à four chaud 20 minutes à 220°C.

Cuisses de poulet aux champignons

Ingrédients : 4 Personnes

- 4 cuisses de poulet
- 3 càs d'huile d'olive
- sel, poivre
- 1 oignon
- 1 gousse d'ail
- 170g de champignons de Paris
- 1/2 litre d'eau
- 1 cube de bouillon de volaille
- 30cl de crème liquide

Préparation :

1. Faites cuire les cuisses de poulet avec l'huile d'olive dans la cuve du cookéo, jusqu'a obtenir une couleur doré.
2. Réserver.
3. Couper l'oignon et hacher l'ail.
4. Lavez et égoutter les champignons. Les faire dorer à leur tour dans la cuve.
5. Ajouter les cuisses de poulet, verser l'eau et ajouter le cube de bouillon.
6. Cuire pour 20 minutes sous pression.
7. A la fin de la cuisson, ajouter la crème liquide et bien incorporer.

Poulet et pommes au cidre

Ingrédients : 4 Personnes

- 1 oignon
- 450 g de blancs de poulet
- 2 pommes
- 1 marmite de bouillon de volaille
- 20 cl de cidre doux
- 1 noisette de beurre doux
- sel, poivre du moulin

Préparation :

1. Peler et hacher l'oignon. Le faire revenir dans la cuve en mode dorer avec le beurre.
2. Mettez les blancs de poulet divisées en morceaux, les pommes épluchées et coupées en quartiers, le bouillon de volaille, le cidre et 10 cl d'eau.
3. Saler, poivrer, ensuite démarrer le mode cuisson sous pression pour 10 minutes.
4. Servir bien chaud.

Poulet pommes de terres carottes au camembert

Ingrédients : 4 Personnes

- 4 blancs de poulet
- 8 carottes
- 10 petites pommes de terre
- 90 g de camembert sans la croûte
- 110 ml d'eau
- 1 cc de fond de veau
- 1 cc de Maïzena
- sel, poivre

Préparation :

1. Couper en tranches le filet de poulet.
2. Peler et couper les carottes en rondelles
3. Peler et couper en morceaux les pommes de terre.
4. Incorporer le fond de veau et la maïzena à l'eau.
5. Placer tous les ingrédients dans la cuve, incorporer et cuire 6 à 10 minutes sous pression (cuisson rapide).
6. Incorporer après cuisson et servir bien chaud.

Pommes de terre rôties

Ingrédients : 4 Personnes

- 650 g de pommes de terre
- 3 gousses d'ail
- 1 échalote
- 3 c. à soupe d'huile d'olive
- 20 g de beurre demi-sel
- branches de thym
- fleur de sel, poivre.
- 60 ml d'eau

Préparation :

1. Pelez les pommes de terre, nettoyez-les, puis divisez-les en cubes.
2. Pelez l'échalote, divisez-la en morceaux.
3. Pelez, dégermez les gousses d'ail, coupez-les en morceaux.
4. Programmez le Cookéo en mode manuel, puis dorer, mettez l'huile d'olive dans la cuve avec le beurre, mettez les pommes de terre, l'ail et l'échalote, sans attendre la fin du préchauffage.
5. Laissez dorer pour 10 min, en mêlant très souvent.
6. Avec une cocotte-minute, faites cuire de la même façon, pour 10 min.
7. Salez, poivrez, ajoutez les branches de thym et l'eau.
8. Programmez cuisson sous pression (cuisson rapide) pour 6 min.
9. En cocotte-minute, ajoutez l'eau, et faites cuire pendant 7 min, à partir du chuchotement de la pipette.
10. Bon appétit.

Carottes au cookeo

Ingrédients : 6 Personnes

- 1 kilo de carottes pelées et coupées en tranches
- 1 oignon émincé
- 1 gousse d'ail émincée
- 4 cuil à soupe de crème à 4 % de MG (2 spts)
- 15 cl d'eau + 1/4 de cube de bouillon de légumes Bio (1 spt)
- Sel, poivre
- Persil
- 2 cuil à soupe d'huile d'olive (4 spts)
- 3 pincées de curcuma
- 1 branche de thym + feuille de laurier

Préparation :

1. Démarrer le Cookéo en mode dorer.
2. Ajouter l'huile d'olive, et faites cuire les oignons, ajouter l'ail et les carottes.
3. Saler un peu, poivrer.
4. Ajouter le thym et le laurier.
5. Ajouter l'eau et le morceau de cube bouillon de volaille.
6. Programmez le Cookéo en mode cuisson sous pression 6 minutes.
7. Ensuite le Cookéo en mode maintien au chaud.
8. Mettre la crème fraîche, le curcuma, mélanger.
9. Servir et parsemer de persil dans les assiettes.
10. Bon appétit !

Salade de haricots verts

Ingrédients : 4 Personnes

- 550 g de haricots verts
- 220 ml d'eau
- 1 gousse d'ail émincée
- sel, poivre
- 1 échalote émincée
- persil haché
- vinaigrette

Préparation :

1. Arroser 200 ml d'eau dans le faitout.
2. Ajouter les haricots verts dans le panier.
3. Mettre le panier dans le faitout
4. Puis sélectionner l'option cuisson sous pression pour 7 minutes.
5. Laisser refroidir les haricots verts à l'air libre dans un premier temps ensuite mettre le panier vapeur au frigo pour au moins 2 heures.
6. Ajouter les haricots verts refroidis dans un récipient, y mettre l'échalote et l'ail émincée, le persil et la vinaigrette.
7. Bien incorporer et servir .

Poêlée de légumes et saucisses

Ingrédients : 4 Personnes

- 4 grosses pommes de terre coupées en dés
- 3 saucisses campagnardes
- 5 carottes coupées en dés
- 160 g d'haricots verts surgelées
- 1 oignon
- 1 cube "marmite de légumes" de knorr
- 20 cl d'eau
- sel, poivre

Préparation :

1. Peler et diviser les pommes de terre et les carottes en gros cubes.
2. Diviser les saucisses en 2.
3. En mode dorer, ajouter dans la cuve, les bouts de saucisses campagnardes et l'oignon émincé pour 4 minutes.
4. Mettre les légumes. incorporer le tout et laisser dorer 2 à 3 minutes.
5. Arroser d'eau, le sel , le poivre. incorporer.
6. Ajouter le cube de marmite de légumes.
7. Programmez en cuisson sous pression pour 10 minutes.

Tagliatelles aux poivrons et au cabillaud

Ingrédients : 4 Personnes

- 4 dos de cabillaud
- 300 gr de tagliatelles
- 320 gr de mini poivrons (diverses couleurs)
- 10 gr de beurre à 41% de mg
- 1/2 oignon
- 600 ml d'eau
- sel, poivre
- ail
- 40 gr de concentré de tomate
- 1 cube de bouillon de légumes
- 3 cs de crème épaisse à 15% de mg

Préparation :

1. Couper les poivrons et l'oignon.
2. Faire fondre le beurre en mode dorer et y faites cuire le poivron et l'oignon.
3. Saler, poivrer et mettre l'ail pressé.
4. Ajouter les tagliatelles, le concentré de tomate et le bouillon cube émietté. Saler, poivrer.
5. Arroser de l'eau à hauteur, le contenu de la cuve doit être couvert.
6. Incorporer le tout.
7. Placer les dos de cabillaud sur les pâtes et démarrer une cuisson rapide pour 10 minutes.
8. À la fin de la cuisson, sortir le poisson et réserver au chaud.
9. Ajouter la crème dans la cuve, incorporer le tout et servir instantanément.

Riz au lait

Ingrédients : 4 Personnes

- 160 g de riz rond
- 510ml de lait +100ml pour la fin (lait 1/2 écrémé)
- 70 g de sucre en poudre
- 1 paquet de sucre vanillé

Préparation :

1. Ajouter 510 ml de lait dans la cuve .
2. Mettre le riz puis mettre le sucre et le sucre vanillé.
3. Incorporez.
4. Démarrer en cuisson sous pression pour 14 minutes .
5. A la fin de la cuisson, ajouter 100 ml de lait froid.
6. Incorporer.
7. Ajouter le riz au lait dans des pots individuels.

Cuisses de poulet pommes de terre

Ingrédients : 4 Personnes

- 4 cuisses de poulet
- 1 oignon
- 1 gousse d'ail
- 6 pommes de terre
- 260 ml d'eau
- 1 c. à soupe de fond de volaille
- 2 c. à soupe d'huile d'olive
- Sel
- Poivre

Préparation :

1. Pelez et coupez l'oignon et la gousse d'ail.
2. Pelez et coupez en quatre les pommes de terre.
3. Ajouter l'huile d'olive, les cuisses de poulet, l'oignon dans la cuve du Cookeo puis lancer le mode dorer.
4. Laissez revenir pour 10 minutes en retournant les cuisses de poulet à mi-cuisson.
5. Mettre les pommes de terre, l'eau, l'ail, le fond de veau, salez, poivrez, puis sélectionner 20 minutes en cuisson sous pression.
6. Rectifiez l'assaisonnement puis servez.

Crème d'asperges

Ingrédients : 6 Personnes

- 900 g d'asperges blanches
- 70 gr de crème épaisse à 7% de MG
- 10 g de farine
- 1 échalote de 15 g
- 1/2 cube de bouillon de volaille allégé 1
- 1 c. à café d'huile d'olive 44.2
- 410 ml d'eau
- sel et poivre

Préparation :

1. Divisez le bout des tiges des asperges, pelez-les, passez-les sous l'eau.
2. Lancez le Cookéo en mode dorer, avec l'huile d'olive.
3. Pelez et coupez l'échalote, ajoutez dans la cuve du Cookéo, sans attendre la fin du préchauffage, et laissez cuire pendant 3 min.
4. Divisez les asperges en morceaux, en laissant les pointes entières.
5. Mettez les tronçons et pointes d'asperges dans la cuve du Cookéo, mettez la farine, incorporez pour 2 min.
6. Mettez l'eau, et de demi cube de bouillon, le sel et poivre.
7. Lancez le Cookéo en mode cuisson sous pression (cuisson rapide) pour 10 min.
8. Retirez les pointes, puis mixez.
9. Mettez la crème, mélangez, rectifiez l'assaisonnement si nécessaire.
10. Ajoutez votre crème dans les bols, ajoutez les pointes d'asperges et servez chaud.

Poivron cocotte

Ingrédients : 4 Personnes

- 2 poivron rouge
- 2 poivron jaune
- 2 œufs
- 60 gr de gruyère allégé (4 spts)
- 80 gr de bacon (2 spts)
- 4 cs de crème à 4 % (2 spts)

Préparation :

1. Diviser les poivrons au dessus, pour avoir un « chapeau ».
2. Retirer les graines des légumes.
3. Mettre 30 cl d'eau dans le fond de la cuve du cookeo, placer le panier, puis placer les poivrons avec leurs chapeaux.
4. Mettre sous pression pour 4 min.
5. Ouvrir le cookeo, attention c'est chaud.
6. Ensuite ajouter dans chaque poivron, de la crème fraîche, bacon, l'œuf, sel poivre, fromage râpé et de nouveau 3 ou 4 mn sous pression selon la cuisson de l'œuf désiré.

Blanquette de légumes

Ingrédients : 4 Personnes

- 220 g de champignons de Paris
- 2 carottes
- 1 oignon
- 2 gousses d'ail
- 160 g de petit pois surgelés
- 4 pommes de terre
- 1 cœur de bouillon de volaille
- 1 feuille de laurier
- 2 clous de girofle
- 10 cl de crème fraîche liquide
- 1 jaune d'oeuf
- 1 c à s de farine
- sel et poivre

Préparation :

1. Peler les carottes et les pommes de terre, couper l'oignon.
2. Couper les carottes en tranches et les pommes de terre en quatre, équeuter les haricots verts. réserver.
3. Lancer le Cookeo en mode manuel, sélectionner cuisson classique ensuite le mode dorer, la machine débute en préchauffage.
4. A la fin du préchauffage, mettre 2 c à s d'huile d'olive puis faites cuire les champignons avec les carottes, l'oignon et l'ail émincés pendant 5 minutes.
5. Ajouter les pommes de terre, les petits pois et les haricots verts, Verser l'eau, ensuite ajouter le cœur de bouillon de légumes, saler, poivrer, le laurier et les clous de girofle.
6. Sélectionner cuisson sous pression pour 10 minutes.
7. Fermer et verrouiller le couvercle.
8. Une fois la cuisson terminée, attendre de pouvoir déverrouiller le couvercle puis ouvrir.
9. Assécher et placer les légumes dans un plat.
10. Passer le cookéo en mode dorer, mettre le jaune d'oeuf et la crème puis mélanger, Verser sur les légumes .

Pommes de Terre Grenaille

Ingrédients : 6 Personnes

- 1 kg pommes de terre grenaille
- 2 gousses d'ail pelées et hachées
- persil haché
- 15 cl d'eau
- sel, poivre

Préparation :

1. Nettoyer les pommes de terre grenaille sans les peler.
2. Lancer le mode dorer, ajouter 2 càs d'huile d'olive dans la cuve et faites cuire les pommes de terre pour 15 minutes en agitant fréquemment.
3. Passer en mode cuisson rapide(cuisson sous pression), mettre 10 cl d'eau, l'ail, le persil, le sel et le poivre et faire cuire sous pression 7 min.

Soupe de potimarron

Ingrédients : 4 Personnes

- 260 gr de potimarron
- 350 gr de blancs de poulet
- 1 gousse d'ail
- 1 échalote
- 1 cc d'huile d'olive
- 2 cc de curry
- 200 gr de lentilles corail
- 1 litre d'eau
- 1 bouillon cube de légumes
- sel, poivre
- 4 cs de crème épaisse à 15 % de mg
- paprika

Préparation :

1. Couper le potimarron en 2. enlever les graines du centre, et éplucher le.
2. Diviser ensuite des tranches qui vous couperez en petits morceaux. En réserver 250 gr.
3. Vous pouvez congeler le restant pour une autre utilisation.
4. Diviser le poulet en petits morceaux.
5. Ajouter l'huile dans la cuve du Cookeo et la faire chauffer en mode dorer.
6. Faites cuire le poulet avec l'échalote coupée puis mélanger le potimarron.
7. Mettre la gousse d'ail pressée et le curry, Arrêter le mode dorer.
8. Mettre ensuite les lentilles, et le bouillon cube émietté. Saler, poivrer.
9. Ajouter l'eau et lancer une cuisson rapide (sous pression) pour 10 minutes.
10. Au moment de servir rajouter une cs de crème dans chaque assiette et parsemer de paprika.

Soupe aux légumes

Ingrédients : 4 Personnes

- 2 blancs de poireaux
- 250g de chou blanc
- 2 navets
- 2 oignons
- 6 carottes
- 2 branches de céleri
- 3 pommes de terre
- 1 cube de bouillon de légumes
- 3/4 de litre d'eau
- sel, poivre

Préparation :

1. Nettoyez, pelez et coupez tous les légumes en petits morceaux (aussi que les pommes de terre).
2. Ajoutez-les dans la cuve du cookéo.
3. Mettez l'eau et le cube de bouillon.
4. Faites cuire 20 minutes sous pression.
5. Mixez la préparation plus ou moins selon la fermeté souhaitée.
6. Salez et poivrez si besoin.

Terrine de Thon

Ingrédients : 4 Personnes

- 300 gr de thon
- 6 œufs
- 5 cuillères à soupe de crème fraîche
- 140 gr de gruyère râpé
- 2 cuillères à café de concentré de tomate
- 1 bonne cuillère à soupe de persil
- 1/2 boite de macédoine de légumes
- piment d'Espelette
- sel
- poivre

Préparation :

1. Ajouter tous les ingrédients (sauf la macédoine de légumes) dans un blender et mixer.
2. Mettre la boite de macédoine de légumes et agiter avec une spatule légèrement.
3. Ajouter la préparation dans un moule et le filmer avec film étirable et le mettre dans le panier vapeur.
4. Ajouter dans la cuve 50 cl d'eau, et 45 min en cuisson "sous pression".
5. Laissez bien refroidir et servir froid.

Printed by Amazon Italia Logistica S.r.l.
Torrazza Piemonte (TO), Italy

15055399R00052